Analyse de l'œuvre

Par Guillaume Peris et Lucile Lhoste

L'Île des esclaves

de Marivaux

Rendez-vous sur lepetitlitteraire.fr et découvrez :

Plus de 1200 analyses
Claires et synthétiques
Téléchargeables en 30 secondes
À imprimer chez soi

MARIVAUX

DRAMATURGE ET ROMANCIER FRANÇAIS

- **Né en 1688 à Paris**
- **Décédé en 1763 dans la même ville**
- **Quelques-unes de ses œuvres :**
    - *La Double Inconstance* (1723), pièce de théâtre
    - *Le Jeu de l'amour et du hasard* (1730), pièce de théâtre
    - *La Vie de Marianne* (1727-1740), roman inachevé

Pierre Carlet de Chamblain de Marivaux nait à Paris en 1688. Il fait des études de droit, mais n'exercera jamais. En revanche, il écrit des articles, des romans et surtout des pièces de théâtre, en particulier pour les comédiens italiens entre 1720 et 1740 : *La Double Inconstance* (1723), *L'Île des esclaves* (1725) ou *Les Fausses Confidences* (1737).

Les jeunes gens qui peuplent ses pièces sont pris dans des aventures complexes par crainte de dévoiler leurs sentiments. Les jeux de masques auxquels ils se livrent, et l'usage qu'ils font du langage de la galanterie ont donné naissance au terme « marivaudage ».

Marivaux meurt en 1763.

L'ÎLE DES ESCLAVES

UNE PIÈCE ENTRE TRAGÉDIE ET COMÉDIE

- **Genre :** pièce de théâtre (comédie)
- **Édition de référence :** *L'Île des esclaves*, Paris, Le Livre de Poche, coll. « Théâtre de Poche », 1999, 90 p.
- **1re édition :** 1725
- **Thématiques :** bourgeoisie, société, utopie, philosophie, servitude, théâtre, morale

Représentée pour la première fois par les comédiens italiens en 1725, *L'Île des esclaves* est une pièce en un acte à la frontière entre plusieurs genres. Les personnages grecs ainsi que la situation tragique évoquent la tragédie, alors que le personnage d'Arlequin, burlesque à souhait, ne laisse aucun doute sur la nature comique de l'action.

Marivaux y aborde la question des rapports entre maitres et serviteurs d'une manière à la fois satirique et sentimentale, sur fond d'utopie. Cette pièce doit être rapprochée des comédies sociales et philosophiques de l'auteur comme *L'Île de la raison* ou encore *La Colonie*.

RÉSUMÉ

SCÈNE I

On découvre Iphicrate et son esclave Arlequin sur une plage, et on aperçoit quelques maisons. Les deux personnages ont échoué à cet endroit à la suite d'un naufrage.

Lorsqu'il le comprend, Iphicrate révèle à Arlequin qu'ils sont sans doute sur l'ile des esclaves, lieu de refuge de révoltés athéniens, où la coutume est de tuer les maitres ou de les réduire en esclavage. Cette situation inquiète Iphicrate et amuse Arlequin, qui a tellement agacé Iphicrate que ce dernier lui court après, une épée à la main.

SCÈNE II

La course est interrompue par un certain Trivelin, accompagné d'une jeune servante appelée Cléanthis. Trivelin prend l'épée des mains d'Iphicrate et, lorsqu'il apprend la condition de ce dernier et d'Arlequin, révèle ses fonctions et la nature du lieu dans lequel ils se trouvent. Son rôle est de faire respecter les lois dans le canton, c'est-à-dire de veiller à ce que les anciens maitres deviennent esclaves et à ce que les anciens esclaves se conduisent en maitres. Il confirme aussi que l'ile sur laquelle ils se trouvent est bien celle des esclaves, comme évoqué par Iphicrate.

Arlequin profite de la situation et raille son ancien maitre. À la fin de la scène, Trivelin indique à Arlequin sa nouvelle habitation.

SCÈNE III

Trivelin se retrouve seul avec Cléanthis et sa maitresse Euphrosine. La situation s'inverse d'une manière similaire à celle d'Iphicrate et Arlequin : Euphrosine devient l'esclave, et Cléanthis endosse le rôle de la maitresse. Durant toute la scène, Cléanthis met en relief les ridicules d'Euphrosine en la caricaturant. À la fin de la scène, Trivelin demande à Cléanthis de s'éloigner pour s'entretenir en tête à tête avec Euphrosine.

SCÈNE IV

Trivelin reste donc seul avec Euphrosine et lui demande ce qui est vrai dans le portrait dressé par Cléanthis. Euphrosine commence par rejeter ses paroles : ce sont des inepties. Pourtant, Trivelin, après lui avoir expliqué que le fait de reconnaitre ses défauts pourrait lui permettre de récupérer la liberté plus vite, parvient à faire dire à Euphrosine que le portrait est assez juste et risible.

SCÈNE V

Après la sortie d'Euphrosine, Arlequin et Iphicrate entrent sur scène et rejoignent Trivelin. Arlequin prend beaucoup de plaisir à jouer au maitre, mais il ne tourmente pas particuliè-rement Iphicrate. Trivelin demande à Arlequin de se prêter au même jeu que Cléanthis ; le tableau dressé est tout aussi ridicule que celui d'Euphrosine. Iphicrate finit par admettre que le portrait est ressemblant. Trivelin sort, les laissant seuls.

SCÈNE VI

Arlequin et Iphicrate sont rejoints par Cléanthis et Euphrosine. Arlequin entreprend avec Cléanthis une conversation galante, imitant les comportements de leurs maitres, mais l'un comme l'autre ne ressentent pas réellement d'attirance. Au contraire, Arlequin est attiré par Euphrosine et Cléanthis par Iphicrate. Tous deux conviennent de faire en sorte de convaincre leurs anciens maitres de faire honneur à ces attirances.

SCÈNE VII

Cléanthis annonce à Euphrosine qu'Arlequin est épris d'elle. Elle reçoit cette nouvelle avec beaucoup de détresse, tandis que Cléanthis lui vante les mérites de l'amour d'un homme simple.

SCÈNE VIII

Arlequin va voir Euphrosine lorsqu'elle se retrouve seule. Il se présente en conquérant, convaincu qu'elle ne le repoussera pas. Pourtant, Euphrosine, dans une longue réplique, lui fait part de son abattement et de la souffrance qu'elle éprouve. Elle fait appel à sa compassion et Arlequin en reste les bras ballants.

SCÈNE IX

Iphicrate retrouve Arlequin resté seul, encore ému par sa conversation avec Euphrosine. S'ensuit une explication entre les deux hommes, explication de laquelle il ressort une sincère amitié. Iphicrate s'excuse des mauvais traitements qu'il a fait subir à Arlequin et ce dernier des railleries dont Iphicrate a fait l'objet. Ils échangent leurs vêtements, Arlequin redevenant domestique et Iphicrate reprenant sa fonction de maitre.

SCÈNE X

Cléanthis et Euphrosine rejoignent Iphicrate et Arlequin. Lorsque Cléanthis apprend ce qu'il vient de se passer, elle se lance dans un éloge de la vertu, seul trait de noblesse selon elle. S'ensuit un échange similaire à celui de la scène précédente entre elle et Euphrosine. La fin de la pièce est marquée par les excuses mutuelles et la réconciliation de Cléanthis et Euphrosine.

SCÈNE XI

Trivelin rejoint les quatre protagonistes et se réjouit de leur réconciliation. Il leur annonce qu'ils rentreront à Athènes en récompense de leur rédemption.

La dernière scène, lors de la représentation au Théâtre-Italien, était suivie d'un divertissement chanté et dansé.

ÉTUDE DES PERSONNAGES

ARLEQUIN

Arlequin est l'esclave d'Iphicrate. C'est l'un des personnages les plus emblématiques de la commedia dell'arte, au caractère léger, fainéant et imbécile.

LA COMMEDIA DELL'ARTE

La commedia dell'arte est un genre théâtral apparu en Italie au XVIe siècle. Théâtre populaire par excellence, il se caractérise souvent par une absence de texte écrit, les acteurs improvisant à partir d'un canevas fixe. Ses personnages sont caricaturaux, tels Arlequin ou Colombine, et si les thèmes peuvent varier, il s'agit généralement d'une caricature populaire raillant les particularités locales (accent vénitien, etc.).

Durant la pièce, il change de rôle avec son maitre.

Il apparait dans un grand nombre de pièces de Marivaux où il incarne un valet loufoque et bon vivant en apparence (on le voit par exemple avec une bouteille de vin à la ceinture dès la première scène de *L'Île des esclaves*), mais démontre qu'il est plus complexe que cela. Il fait en effet preuve d'une forte sensibilité et porte un regard parfois amer mais lucide sur sa condition de domestique. Ainsi, il est souvent amené à s'exprimer sur les changements opérés sur l'ile et ne se prive pas de donner son avis, même sans y être invité. Arlequin n'hésite pas à exposer à Iphicrate des vérités difficiles à entendre tout en le considérant avec une grande humanité, comme il le fait dans cette déclaration à la scène IX :

<blockquote>

« Tu as raison, mon ami ; tu me remontres bien mon devoir ici pour toi ; mais tu n'as jamais su le tien pour moi, quand nous étions dans Athènes. Tu veux que je partage ton affliction, et jamais tu n'as partagé la mienne. Eh bien ! va, je dois avoir le cœur meilleur que toi ; car il y a plus longtemps que je souffre, et que je sais ce que c'est que de la peine. Tu m'as battu par amitié : puisque tu le dis, je te pardonne ; je t'ai raillé par bonne humeur, prends-le en bonne part, et fais-en ton profit. Je parlerai en ta faveur à mes camarades, je les prierai de te renvoyer, et, s'ils ne veulent pas, je te garderai comme mon ami ; car je ne te ressemble pas, moi ; je n'aurai point le courage d'être heureux à tes dépens. »

</blockquote>

IPHICRATE

Iphicrate, dont le nom signifie « qui règne par la force », est le maitre d'Arlequin. C'est lui qui apprend à Arlequin, et par la même occasion au lecteur, où ils se trouvent. Son personnage, prétentieux et susceptible, représente la bourgeoisie du XVIIIe siècle. Son caractère se révèle pourtant plus conciliant, et, bientôt, le seigneur manifeste plus de bienveillance envers ses semblables et son valet.

Cette évolution a lieu par le biais des confrontations avec Arlequin sur l'ile. Contraint de devenir le valet d'Arlequin en vertu des règles imposées par Trivelin, Iphicrate prend progressivement conscience de la démesure de la violence dont il fait preuve envers son maitre provisoire. Il reprend ses habits de maitre après l'avoir admis et s'être réconcilié avec lui.

CLÉANTHIS

Cléanthis est le pendant féminin d'Arlequin. Pourtant, de nombreuses choses les différencient, à commencer par la rancune. Beaucoup moins douce qu'Arlequin, elle profite de sa position pour tourmenter Euphrosine, sa maitresse. Elle caricature cette dernière, lorsqu'elle doit l'imiter, avec une telle hargne que Trivelin lui-même doit intervenir.

Elle se livre à une conversation galante avec Arlequin, mais finit par reconnaitre que sa principale attirance est pour Iphicrate. Après que la réconciliation entre les deux hommes a lieu, elle ne parvient pas à pardonner à Euphrosine ses mauvais traitements. Il faut l'intervention d'Arlequin pour que la situation s'arrange et que Cléanthis consente à rendre son statut à sa maitresse.

EUPHROSINE

Euphrosine est la maitresse de Cléanthis. C'est une femme hautaine et très attachée à son apparence, mais son caractère s'améliore au fur et à mesure de l'intrigue. Honteuse de son comportement, elle n'admet tout d'abord pas que le portrait qui est dressé d'elle par son esclave est ressemblant, malgré les pressions de Trivelin. Ce n'est qu'après avoir appris qu'admettre ses défauts la sortirait de sa condition présente qu'elle confirme la justesse du discours de Cléanthis.

Désemparée d'apprendre qu'Arlequin est amoureux d'elle, elle ne cède pas à ses avances et met en avant la souffrance que lui procure son état. Lorsqu'Arlequin annonce avoir pardonné à Iphicrate et incite Cléanthis à faire de même, Euphrosine ne fait pas de pas en avant, contrairement au maitre d'Arlequin. Ce n'est qu'après le discours du valet qu'elle consent à faire amende honorable et rétablit de bonnes relations avec sa servante.

TRIVELIN

Trivelin est le seigneur de l'ile des esclaves ; il distribue les rôles et confère à chacun un statut sur l'ile. C'est un personnage d'apparence trouble, qui soumet les autres et les instruit de leurs défauts, mais en affichant un visage humain. Ce n'est qu'à la fin de la pièce qu'on apprend qu'il cherchait à réconcilier les personnages les uns avec les autres.

Son rôle est de guider le jeu qu'il met en œuvre : c'est notamment lui qui initie les scènes au cours desquelles Arlequin et Cléanthis parodient leurs maitres respectifs. Son apparition à la fin de la pièce coïncide avec la réconciliation de Cléanthis et d'Euphrosine, après celle d'Arlequin et d'Iphicrate. Trivelion a obtenu ce qu'il voulait car chacun des quatre protagonistes a admis ses fautes et reconquis son statut ; c'est dès lors lui qui clôt le jeu en autorisant les autres personnages à rentrer chez eux.

CLÉS DE LECTURE

CONTEXTE

Marivaux se base sur plusieurs lieux communs de son temps pour élaborer sa pièce.

Arlequin et Iphicrate échouent sur une ile à la suite d'un naufrage. Ces deux éléments se retrouvent dans des œuvres de la même époque passées depuis à la postérité, telles que *Les Voyages de Gulliver* (1721) de Jonathan Swift (écrivain anglo-irlandais, 1667-1745) et *Robinson Crusoé* (1719) de Daniel Defoe (écrivain et aventurier anglais, 1660-1731). La même chose peut être affirmée concernant l'utopie, qui fait l'objet de nombreux récits au xviiie siècle. Des auteurs ont en effet situé leurs intrigues dans des lieux imaginaires ou totalement hors du monde pour leur donner une impression d'irréalité et éviter les foudres de leurs détracteurs et de la censure. L'ile des esclaves, coupée du monde et inconnue de ceux qui y arrivent (ce qu'il sait à propos de l'ile, Iphicrate l'a seulement entendu dire), où les personnes retrouvent leur humanité, est le lieu utopique par excellence.

L'échange de rôles entre maitres et esclaves rappelle les Saturnales, des fêtes romaines antiques durant lesquelles les barrières sociales disparaissaient. Les esclaves, affranchis de leur condition le temps des festivités, étaient libres de s'exprimer et de dire publiquement ce qu'ils pensaient de leurs maitres, ce que reproduisent dans la pièce Arlequin et Cléanthis. Cette tradition a disparu depuis, bien que l'esprit reste notamment dans les fêtes de Carnaval. L'utilisation de ce procédé permet à Marivaux de faire dire à ses personnages ce qu'ils pensent sous le couvert de la parodie. Sa critique n'en est que plus lisse.

LA CRITIQUE DES MAITRES ET DES DOMESTIQUES

Le terme « esclave » est encore d'actualité lors de la parution de la pièce, l'esclavage ayant été officiellement aboli durant le XIXᵉ siècle en France. Les esclaves, traités comme des marchandises, étaient alors susceptibles de subir des traitements violents de la part de leurs maitres. Bien que les relations soient tendues, c'est loin de la domesticité que connaissent Arlequin et Cléanthis. Utiliser un terme aussi fort pour renvoyer à cette réalité obéit à une volonté de critiquer la société de l'époque, mais cela est fait sur le ton de la comédie, afin d'en adoucir le propos.

La réalité à laquelle la relation maitre-valet exposée dans la pièce renvoie est pourtant loin d'être anodine au XVIIIᵉ siècle. À partir du règne de Louis XV (roi de France, 1710-1774), les structures sociales changent : la bourgeoisie prend de plus en plus d'importance alors que, paradoxalement, la valeur d'un homme commence à ne plus être considérée comme étant liée à la naissance et à la richesse. Les titres et les privilèges des puissants sont de plus en plus contestés.

La création artistique trouve sa place dans l'expression de ces revendications sociales en montrant un duo maitre-valet inédit : ce dernier a des volontés d'indépendance et d'expression encore dissimulées. Il désire s'affranchir de la tutelle de son supérieur, non pas en acquérant les mêmes privilèges que lui mais en ayant les droits qu'il estime mériter en tant qu'être humain.

Marivaux critique donc, par la condition d'esclavage, la condition de valet qui est le reflet d'un système social défaillant. La comédie d'imitation initiée par Trivelin, qui pousse Cléanthis et Arlequin à parodier leurs maitres, est prétexte à mettre en évidence les défauts de ces derniers, à les critiquer et à exprimer des revendications sociales. Cela se voit particulièrement chez Cléanthis qui, lorsqu'elle dresse le portrait de sa maitresse, est extrêmement véhémente tant sa frustration est grande. Arlequin est plus mesuré, mais lui non plus ne se prive pas de dire à son maitre ce qu'il pense de lui.

Tant par les parodies que par leur comportement lorsqu'ils sont sur scène, les personnages d'Iphicrate et Euphrosine permettent de faire un inventaire de ce que Marivaux reproche à la bourgeoisie de son temps. Iphicrate et Euphrosine représentent en effet une aristocratie dont les principales occupations sont les mondanités et les frivolités. Ils n'ont aucune véritable occupation, laissant cela à leurs domestiques, et s'avèrent dès lors plutôt inutiles. Leur nouvelle condition d'esclave leur fait prendre conscience de leur statut privilégié en les mettant dans la peau de ceux qui ne peuvent profiter de tous leurs avantages. Les deux maitres gaspillent en outre leur temps dans des conquêtes galantes sans grand lendemain, comportement qu'imitent les domestiques lorsqu'ils tentent d'initier une conversation galante à la manière des mondains. Ils ne parviennent d'ailleurs pas à la mener à terme puisque cette comédie est vaine, Arlequin et Euphrosine n'ayant aucun sentiment l'un pour l'autre.

Les maitres font en outre parfois preuve d'un grand mépris pour leurs valets. Il est même prouvé lors de la scène II qu'Iphicrate n'appelle pas toujours Arlequin par son nom : le valet affirme ironiquement qu'il est parfois appelé « Hé », preuve de l'ascendant qu'Iphicrate se donne. Les maitres ne sont cependant rien sans leurs domestiques, puisque c'est par l'existence de ces derniers qu'ils justifient leurs relations sociales et leur statut. Ils s'emportent également volontiers contre leurs domestiques, n'hésitant pas à les battre. Arlequin dit ainsi à Iphicrate : « Tu disais bien que tu m'aimais, toi, quand tu me faisais battre ; est-ce que les étrivières [coups donnés avec une sangle] sont plus honnêtes que les moqueries ? » (scène IX).

Marivaux met également en scène le fait que le maitre peut disposer de son ascendant sur le domestique à des fins plus intimes. Cependant, la principale tentative que fait un personnage en ce sens échoue face à la dignité de la servante qui prouve ainsi qu'elle n'est pas qu'un corps dont son maitre peut disposer à loisir. En tentant de conquérir Euphrosine, Arlequin se heurte en effet à un mur : sa position dominante ne lui permet pas de s'approprier la jeune femme. De son coté, Euphrosine exprime sa douleur d'être considérée comme si elle pouvait être aisément séduite. La tentative du nouveau maitre d'user de son pouvoir pour parvenir à ses fins est donc réduite à néant.

La critique des maitres réalisée par Arlequin et Cléanthis

n'est pas vaine : les maitres se repentissent et font amende honorable auprès de leurs valets. Ils ont donc entendu les reproches qui leur étaient adressés, rétablissant un équilibre dans les relations sociales : les quatre protagonistes ne sont désormais plus reconnus uniquement selon leur rang et leurs ressources, mais aussi selon leur valeur d'être humain.

LE THÉÂTRE DANS LE THÉÂTRE

Le thème le plus évident qui se dégage de *L'Île des esclaves* est sans doute ce que l'on appelle couramment « le théâtre dans le théâtre ». Dans cette pièce, en effet, quatre personnages (Arlequin, Cléanthis, Iphicrate et Euphrosine) sont amenés à jouer un rôle – sans doute le rôle de leur vie – puisqu'ils incarnent un statut diamétralement opposé au leur — allant même jusqu'à endosser le costume du personnage qu'ils doivent incarner au moment du jeu d'inversion des rôles (« Arlequin, Iphicrate, qui ont changé d'habits », scène v).

Dans le rôle du metteur en scène se trouve Trivelin. Car c'est bien de cela qu'il s'agit : l'administrateur de l'ile orchestre l'action d'une main de maitre. Il confie les rôles, fait endosser les costumes et, surtout, dicte les dialogues :

> « Venons maintenant à l'examen de son caractère : il est nécessaire que vous m'en donniez un portrait, qui se doit faire devant la personne qu'on peint, afin qu'elle se connaisse, qu'elle rougisse de ses ridicules, si elle en a, et qu'elle se corrige. Nous avons là de bonnes intentions, comme vous voyez. Allons, commençons. » (scène iii)

Le résultat de cette théâtralité est que la pièce, qui aurait pu n'être qu'une pitrerie, ne sombre pas dans la caricature : le sujet est en effet trop sérieux pour ne faire l'objet que de comique et les personnages eux-mêmes finissent par le comprendre. Bien entendu, Arlequin joue gauchement le rôle de son maitre, mais, à aucun moment, le spectateur ne s'attend à voir le personnage Arlequin être bon acteur. Au contraire, ce contraste permet de croire d'autant plus à l'émotion que ressent Arlequin aux mots d'Euphrosine dans la scène VIII : « Arlequin, abattu, les bras abaissés, et comme immobile : J'ai perdu la parole. » C'est là que se situe la fin de la pièce dans la pièce : pour chacun, c'est le moment où les choses deviennent trop sérieuses pour continuer à se livrer à la comédie.

LES RESSORTS COMIQUES

Bien que le propos de la pièce soit très sérieux, il n'en reste pas moins que *L'Île des esclaves* est une comédie. C'est pourquoi divers ressorts comiques émaillent la pièce afin de tout de même susciter le rire chez le lecteur/spectateur :

- **le comique de situation**. Ce type de comique est créé par les événements et survient souvent en décalage avec la situation présentée. En l'occurrence, la parodie des maitres est un terrain rêvé pour susciter le rire : Cléanthis et Arlequin singent leurs maitres mais tous, comme le lecteur/spectateur, savent que ce n'est pas véritablement le maitre qui s'exprime. Ce fait, ajouté aux expressions déployées par les domestiques dans leur démarche, crée un contraste qui pousse le lecteur/spectateur à s'amuser de la situation ;

- **les gestes et les paroles**. Le personnage d'Arlequin, en particulier, est mis en évidence par de nombreuses didascalies. Ces dernières servent à souligner ses actions et parfois à leur conférer une tonalité comique supplémentaire. Arlequin s'amuse, rit, chante, est distrait. Il arrive qu'il pousse plus loin le geste, par exemple lorsqu'il s'agenouille devant Cléanthis (scène vi) pour lui faire sa fausse déclaration, ce qui renforce le décalage entre son attitude et ce qu'il veut réellement exprimer ;
- Mais le comique passe aussi bien souvent par **la parole**. Prenons un exemple que nous avons déjà évoqué, ayant trait à la manière dont Iphicrate considère Arlequin :

> « ARLEQUIN. – Non, mon camarade ; je n'ai que des sobriquets qu'il m'a donnés ; il m'appelle quelquefois Arlequin, quelquefois Hé.
> TRIVELIN. – Hé ! le terme est sans façon ; je reconnais ces Messieurs à de pareilles licences. Et lui, comment s'appelle-t-il ?
> ARLEQUIN. – Oh, diantre ! il s'appelle par un nom, lui ; c'est le seigneur Iphicrate. » (scène ii)

Le lecteur/spectateur peut comprendre, à travers ce que dit le valet, que le maitre ne l'appelle souvent que par une interjection, mais la manière dont Arlequin l'exprime prête au rire. On peut néanmoins déceler dans cette réplique la principale fonction du comique dans la pièce : faire passer le message critique voulu par l'auteur. Si Arlequin en parle avec ironie, cela n'empêche pas de comprendre ce qui est réellement en jeu : le maitre n'a qu'une considération toute relative pour son domestique. C'est donc toute l'injustice de la relation maitre-valet qui est ici représentée.

L'UTOPIE

À n'en point douter, à la lecture des premières pages de *L'Île des esclaves*, les éléments évoqués rappellent les utopies : des naufragés se retrouvent dans un endroit isolé, à savoir une ile, et découvrent avec les yeux d'étrangers un monde régi par des lois différentes.

Plusieurs autres éléments contribuent à conférer un caractère utopique à ce cadre, notamment le fait que l'esclavage soit aboli et que tous les habitants de l'ile aient une « occupation convenable » (scène ii). Enfin, la dimension humaniste du projet, qui vise à faire cesser l'esclavage en éduquant les hommes, achève ce tableau idyllique.

Mais cet apparent rapport à l'utopie trouve ses limites presque aussi vite. En effet, il est des traits caractéristiques du genre dont Marivaux ne tient pas compte. L'utopie, c'est-à-dire la société utopique autant que son environnement, ne se préoccupe généralement pas réellement de l'étranger qui la visite. Ici, au contraire, elle fait des étrangers des acteurs de sa société, des membres à part entière. Par ailleurs, les utopies font généralement l'objet de longues descriptions et d'analyses de la part des étrangers qui y pénètrent. Or on ne trouve rien de cela ici.

Si les apparences évoquaient l'utopie, la réalité est donc autre et semble plus suggérer le carnaval ou encore la fête des Fous (mascarade médiévale, organisée pour le Nouvel An, durant laquelle des hommes d'église dirigeaient de nombreux divertissements).

PASSION, RAISON, BIEN

Marivaux remet au gout du jour la tradition carnavalesque où les rôles sont inversés, et nous permet d'observer de quelle manière elle est vécue et ressentie par les personnages qui en sont victimes, ou tout du moins, acteurs.

Par ce biais, Marivaux met en relief les traits de l'aliénation domestique et la perte d'identité inhérente à cette position. C'est le metteur en scène, Trivelin, qui sert de révélateur aux non-dits et aux humiliations des valets, qu'il s'agisse des humiliations diverses (« Il m'appelle quelquefois Arlequin, quelquefois Hé », scène II) ou des violences (« Je conviens que j'ai pu quelquefois te maltraiter sans trop de sujet », scène IX).

L'autre originalité de Marivaux est constituée par les personnages sur lesquels il se focalise. En effet, si le comique peut résider dans le fait de voir un homme puissant se retrouver déchu au rang de domestique, c'est plus au comportement des domestiques devenus puissants que le dramaturge s'intéresse. Arlequin profite de sa situation d'une manière que l'on pourrait appeler légitime, dans la mesure où il se contente de rire de cet état et de railler gentiment Iphicrate, mais il en va bien différemment de Cléanthis. Pleine de rancœur et de ressentiment, elle fait son possible pour profiter au mieux de sa situation, non pour en jouir, mais bien par vengeance. C'est ici l'occasion de dénoncer une organisation sociale qui n'est fondée ni sur la vertu ni sur la raison :

> « Voilà des gens qui nous méprisent dans le monde, qui font les fiers, qui nous maltraitent, qui nous regardent comme des

> vers de terre, et puis, qui sont trop heureux dans l'occasion
> de nous trouver cent fois plus honnêtes gens qu'eux. Fi que
> cela est vilain, de n'avoir eu pour tout mérite que de l'or, de
> l'argent et des dignités : c'était bien la peine de faire tant les
> glorieux. Où en seriez-vous aujourd'hui, si nous n'avions pas
> d'autre mérite que cela pour vous ? [...] Il faut avoir le cœur
> bon, de la vertu et de la raison ; voilà ce qu'il faut, voilà ce qui
> est estimable, ce qui distingue, ce qui fait qu'un homme est
> plus qu'un autre. » (scène x)

Sa rancœur lui permet de fulminer et de se faire l'écho du ressentiment de toute une couche de la population. Si, au xviiie siècle, il n'est pas réellement question d'esclaves, les domestiques ont bien un statut propre, leur interdisant même l'accès à certains lieux publics. Mais Marivaux ne dénonce à aucun moment la domesticité et ne semble pas vouloir la remettre en question. En bon moraliste, il aspire simplement à un peu plus de morale dans les rapports humains.

UNE ŒUVRE DES LUMIÈRES

Philosophie du xviiie siècle, les Lumières sont un mouvement d'idées et de science qui a eu un grand retentissement dans toute l'Europe. Les philosophes de l'époque prônent un retour à la nature et à la raison, et une recherche de ce qui pourrait faire accéder l'homme au bonheur. Leurs réflexions donnent lieu à un débat sur des problématiques fondamentales de leur temps, comme celle des colonies et de l'esclavage.

Les expérimentations scientifiques (aussi bien sciences

dures que les sciences humaines, etc.) sont fréquemment évoquées comme un cadre permettant à la raison de prendre place. Trivelin présente ainsi le séjour des quatre protagonistes comme une expérience au cours de laquelle ils prendront conscience des maux engendrés par l'état d'esclavage : « Votre esclavage, ou plutôt votre cours d'humanité dure trois ans, au bout desquels on vous renvoie si vos maîtres sont contents de vos progrès […]. » (Trivelin, scène II).

LE MARIVAUDAGE DANS *L'ÎLE DES ESCLAVES*

Avant de désigner ce badinage et ce style propres à Marivaux, le marivaudage a été perçu de manière parfois très négative par les contemporains de l'auteur. Ce terme renvoie au départ à l'association étonnante entre la légèreté du sujet et l'analyse qui en est faite, ainsi qu'aux particularités langagières qui les accompagnent. L'écrivain pratiquant le marivaudage use du langage pour servir son propos, en mettant ses pouvoirs d'expression, de vérité et de mensonge en avant. Cela lui permet d'associer dynamique du langage aux façons de parler et d'agir des personnages.

Dans *L'Île des esclaves*, on retrouve plusieurs types de langage :

- Arlequin et Cléanthis, les valets, parlent un langage populaire, fait de propos familiers, d'interjections et parfois d'insultes ;
- Iphicrate et Euphrosine, les maitres, utilisent un langage

précieux et soutenu ;

- Trivelin, qui n'appartient pas à ces deux premières catégories, a recours à un langage assez élevé lui aussi.

Les différents registres se mélangent ainsi tout au long de la pièce, même si l'échange de rôles ne modifie pas la façon de parler des valets et des maitres, qui gardent leur langage indépendamment de leur position.

Le comique de *L'Île des esclaves* vient dès lors de la confrontation des langages, et en particulier de celui des maitres qui est abstrait, hypocrite et prétentieux : c'est l'exact reflet de leur comportement. En parodiant leurs maitres, Arlequin et Cléanthis mettent en évidence les artifices de leur langage et de leur comportement, permettant à leurs maitres, comme aux spectateurs, de saisir à quel point leurs travers sont importants.

Mais le marivaudage est aussi une manière d'exprimer, avec raffinement et grâce aux ressources du langage, le sentiment amoureux. On en retrouve deux exemples dans la pièce :

- la déclaration d'Arlequin à Euphrosine. Le maitre provisoire use de son langage, concret, mais son efficacité est mise à mal par la rhétorique d'Euphrosine qui réplique de manière à repousser sa déclaration ;

> « ARLEQUIN, *lui regardant les mains.* – Quelles mains ravissantes ! les jolis petits doigts ! que je serais heureux avec cela ! mon petit cœur en ferait bien son profit. Reine, je suis bien tendre, mais vous ne voyez rien. Si vous aviez la charité

d'être tendre aussi, oh ! je deviendrais fou tout à fait. »
(scène VIII)

- la conversation entre Arlequin et Cléanthis. Les valets
  initient une conversation galante en imitant le langage
  de leurs maitres, s'adonnant à un badinage amoureux
  propre à Marivaux. Mais cette scène n'aboutit à rien :
  la fausseté du langage n'a d'égale que la fausseté des
  sentiments que ces personnages se portent, vu qu'ils
  ne s'aiment pas et sont chacun amoureux du maitre de
  l'autre.

> « ARLEQUIN, *l'arrêtant par le bras, et se mettant à genoux.* –
> Faut-il m'agenouiller, Madame, pour vous convaincre de mes
> flammes, et de la sincérité de mes feux ?
> CLÉANTHIS. – Mais ceci devient sérieux. Laissez-moi, je ne
> veux point d'affaires ; levez-vous. Quelle vivacité ! Faut-il
> vous dire qu'on vous aime ? Ne peut-on en être quitte à
> moins ? Cela est étrange.
> ARLEQUIN, *riant à genoux.* – Ah ! ah ! ah ! que cela va bien !
> Nous sommes aussi bouffons que nos patrons, mais nous
> sommes plus sages. » (scène VI)

Les jeux du langage sont ici un prétexte à critiquer les atti-
tudes de chacun et donc, sous couvert de la comédie, à opé-
rer la correction des comportements d'Arlequin, Iphicrate,
Cléanthis et Euphrosine.

De manière à la fois complexe et soignée, Marivaux illustre
comment le langage, débarrassé de ses abstractions et de
sa vanité, fait écho au mode de fonctionnement de l'ile : le
langage doit y être le miroir de l'honnêteté et de la vérité.

PISTES DE RÉFLEXION

QUELQUES QUESTIONS POUR APPROFONDIR SA RÉFLEXION...

- Quelle est la fonction des deux portraits que les valets font de leurs maitres ?
- Cléanthis et Arlequin réagissent différemment à l'échange des rôles. Expliquez.
- À la fin de la pièce, chacun redevient lui-même : maitres et esclaves restent à leur place. Dès lors, quel était l'intérêt de l'inversion des rôles ?
- Selon vous, cette œuvre relève-t-elle davantage de l'utopie ou de la tradition carnavalesque ? Pour répondre, pensez à d'autres utopies, notamment à celle de Thomas More (humaniste et juriste anglais, 1478-1535), dans *L'Utopie.*
- Le personnage d'Arlequin est-il fidèle à la tradition de la commedia dell'arte ?
- Quels sont les ressorts comiques utilisés dans cette pièce par Marivaux ?
- Cette pièce est une comédie, mais n'a-t-elle pas une part de tragique ? Justifiez.
- En quoi Marivaux se rattache-t-il aux idéaux des Lumières avec *L'Île des esclaves* ?
- Si vous deviez mettre cette pièce en scène, la modifieriez-vous ?
- Comparez cette pièce avec *L'Île de la raison* et *La Colonie* du même auteur. Quels sont les points communs et les différences ?

Votre avis nous intéresse !
Laissez un commentaire sur le site de votre librairie en ligne
et partagez vos coups de cœur sur les réseaux sociaux !

POUR ALLER PLUS LOIN

ÉDITION DE RÉFÉRENCE

- Marivaux, *L'Île des esclaves*, Paris, Le Livre de Poche, coll. « Théâtre de Poche », 1999.

ÉTUDES DE RÉFÉRENCE

- « L'utopie au service de la comédie sociale », in *Études littéraires*, consulté le 8 septembre 2016, http://www. etudes-litteraires.com/marivaux-ile-des-esclaves.php
- Milanesi C., « Les récits de naufrage : un essai de structuralisme thématique », in *Cahiers d'études romanes*, 1, 1998, consulté le 30 septembre 2016, https://etudesromanes.revues.org/3425
- Tran Y.-M., *L'Île des esclaves de Marivaux*, Bréal, coll. « Connaissance d'une œuvre », 2000, p. 46-55.

ADAPTATIONS

Comme plusieurs autres pièces de Marivaux, *L'Île des esclaves* a fait l'objet d'un certain nombre de mises en scène théâtrales jusqu'à l'époque contemporaine.

SUR LEPETITLITTÉRAIRE.FR

- Commentaire portant sur la scène iii de l'acte II du *Jeu de l'amour et du hasard* de Marivaux.
- Commentaire portant sur la scène xi de l'acte II de *La Double Inconstance* de Marivaux.

- Fiche de lecture sur *La Dispute* de Marivaux.
- Fiche de lecture sur *La Double Inconstance*.
- Fiche de lecture sur *La Fausse Suivante* de Marivaux.
- Fiche de lecture sur *Le Jeu de l'amour et du hasard*.
- Fiche de lecture sur *Les Acteurs de bonne foi* de Marivaux.
- Fiche de lecture sur *Les Fausses Confidences* de Marivaux.
- Questionnaire de lecture sur *Les Fausses Confidences*.
- Questionnaire de lecture sur *La Double Inconstance*.
- Questionnaire de lecture sur *La Dispute*.

www.lepetitlitteraire.fr

ISBN version numérique : 978-2-8062-9087-8
ISBN version papier : 978-2-8062-9088-5
Dépôt légal : D/2016/12603/841

Avec la collaboration de Lucile Lhoste pour l'analyse de tous les personnages ainsi que les chapitres suivants : « Contexte », « La critique des maitres et des domestiques », « Les ressorts comiques » et « Le marivaudage dans *L'Île des esclaves* ».

Conception numérique : Primento,
le partenaire numérique des éditeurs.

Ce titre a été réalisé avec le soutien de la Fédération Wallonie-Bruxelles, Service général des Lettres et du Livre.

Retrouvez notre offre complète sur lePetitLittéraire.fr

- des fiches de lectures
- des commentaires littéraires
- des questionnaires de lecture
- des résumés

ANOUILH
- Antigone

AUSTEN
- Orgueil et Préjugés

BALZAC
- Eugénie Grandet
- Le Père Goriot
- Illusions perdues

BARJAVEL
- La Nuit des temps

BEAUMARCHAIS
- Le Mariage de Figaro

BECKETT
- En attendant Godot

BRETON
- Nadja

CAMUS
- La Peste
- Les Justes
- L'Étranger

CARRÈRE
- Limonov

CÉLINE
- Voyage au bout de la nuit

CERVANTÈS
- Don Quichotte de la Manche

CHATEAUBRIAND
- Mémoires d'outre-tombe

CHODERLOS DE LACLOS
- Les Liaisons dangereuses

CHRÉTIEN DE TROYES
- Yvain ou le Chevalier au lion

CHRISTIE
- Dix Petits Nègres

CLAUDEL
- La Petite Fille de Monsieur Linh
- Le Rapport de Brodeck

COELHO
- L'Alchimiste

CONAN DOYLE
- Le Chien des Baskerville

DAI SIJIE
- Balzac et la Petite Tailleuse chinoise

DE GAULLE
- Mémoires de guerre III. Le Salut. 1944-1946

DE VIGAN
- No et moi

DICKER
- La Vérité sur l'affaire Harry Quebert

DIDEROT
- Supplément au Voyage de Bougainville

DUMAS
- Les Trois Mousquetaires

ÉNARD
- Parlez-leur de batailles, de rois et d'éléphants

FERRARI
- Le Sermon sur la chute de Rome

FLAUBERT
- Madame Bovary

FRANK
- Journal d'Anne Frank

FRED VARGAS
- Pars vite et reviens tard

GARY
- La Vie devant soi

GAUDÉ
- La Mort du roi Tsongor
- Le Soleil des Scorta

GAUTIER
- La Morte amoureuse
- Le Capitaine Fracasse

GAVALDA
- 35 kilos d'espoir

GIDE
- Les Faux-Monnayeurs

GIONO
- Le Grand Troupeau
- Le Hussard sur le toit

GIRAUDOUX
- La guerre de Troie n'aura pas lieu

GOLDING
- Sa Majesté des Mouches

GRIMBERT
- Un secret

HEMINGWAY
- Le Vieil Homme et la Mer

HESSEL
- Indignez-vous !

HOMÈRE
- L'Odyssée

HUGO
- Le Dernier Jour d'un condamné
- Les Misérables
- Notre-Dame de Paris

HUXLEY
- Le Meilleur des mondes

IONESCO
- Rhinocéros
- La Cantatrice chauve

JARY
- Ubu roi

JENNI
- L'Art français de la guerre

JOFFO
- Un sac de billes

KAFKA
- La Métamorphose

KEROUAC
- Sur la route

KESSEL
- Le Lion

LARSSON
- Millenium 1. Les hommes qui n'aimaient pas les femmes

LE CLÉZIO
- Mondo

LEVI
- Si c'est un homme

LEVY
- Et si c'était vrai…

MAALOUF
- Léon l'Africain

MALRAUX
- La Condition humaine

MARIVAUX
- La Double Inconstance
- Le Jeu de l'amour et du hasard

MARTINEZ
- Du domaine des murmures

MAUPASSANT
- Boule de suif
- Le Horla
- Une vie

MAURIAC
- Le Nœud de vipères

MAURIAC
- Le Sagouin

MÉRIMÉE
- Tamango
- Colomba

MERLE
- La mort est mon métier

MOLIÈRE
- Le Misanthrope
- L'Avare
- Le Bourgeois gentilhomme

MONTAIGNE
- Essais

MORPURGO
- Le Roi Arthur

MUSSET
- Lorenzaccio

MUSSO
- Que serais-je sans toi ?

NOTHOMB
- Stupeur et Tremblements

ORWELL
- La Ferme des animaux
- 1984

PAGNOL
- La Gloire de mon père

PANCOL
- Les Yeux jaunes des crocodiles

PASCAL
- Pensées

PENNAC
- Au bonheur des ogres

POE
- La Chute de la maison Usher

PROUST
- Du côté de chez Swann

QUENEAU
- Zazie dans le métro

QUIGNARD
- Tous les matins du monde

RABELAIS
- Gargantua

RACINE
- Andromaque
- Britannicus
- Phèdre

ROUSSEAU
- Confessions

ROSTAND
- Cyrano de Bergerac

ROWLING
- Harry Potter à l'école des sor- ciers

SAINT-EXUPÉRY
- Le Petit Prince
- Vol de nuit

SARTRE
- Huis clos
- La Nausée
- Les Mouches

SCHLINK
- Le Liseur

SCHMITT
- La Part de l'autre
- Oscar et la
  Dame rose

SEPULVEDA
- Le Vieux qui
  lisait des romans
  d'amour

SHAKESPEARE
- Roméo et Juliette

SIMENON
- Le Chien jaune

STEEMAN
- L'Assassin
  habite au 21

STEINBECK
- Des souris et
  des hommes

STENDHAL
- Le Rouge et
  le Noir

STEVENSON
- L'Île au trésor

SÜSKIND
- Le Parfum

TOLSTOÏ
- Anna Karénine

TOURNIER
- Vendredi ou
  la Vie sauvage

TOUSSAINT
- Fuir

UHLMAN
- L'Ami retrouvé

VERNE
- Le Tour
  du monde
  en 80 jours
- Vingt mille
  lieues sous
  les mers
- Voyage au
  centre de
  la terre

VIAN
- L'Écume des jours

VOLTAIRE
- Candide

WELLS
- La Guerre des
  mondes

YOURCENAR
- Mémoires
  d'Hadrien

ZOLA
- Au bonheur
  des dames
- L'Assommoir
- Germinal

ZWEIG
- Le Joueur
  d'échecs